AF313230

ORDONNANCE
DU ROI,

Portant règlement sur le payement de la Capitation des Officiers de ses Troupes & autres, entre les mains des Trésoriers généraux de l'Extraordinaire des guerres.

Du 20 Juin 1761.

DE PAR LE ROI.

SA MAJESTÉ étant informée du défaut de conformité qui se trouve dans le payement de la Capitation de quelques-uns des Officiers de ses troupes & autres, dont les Charges n'étoient pas dans la composition du Militaire, ou qui n'ont pas été désignés particulièrement lors de l'établissement de la Capitation· Et voulant statuer à ce sujet, en même temps qu'Elle veut bien avoir égard aux représentations qui lui ont été faites par quelques-uns des Officiers-majors de ses Places, dont la Capitation n'est pas proportionnée

A

à la modicité des appointemens dont ils jouiſſent, SA MAJESTÉ a ordonné & ordonne, qu'à commencer du 1.ᵉʳ Janvier 1760, & à l'avenir, la Capitation des Officiers de ſes Troupes & autres, ſera retenue par les Tréſoriers généraux de l'Extraordinaire des guerres, ſur le pied ci-après fixé, en exécution de la déclaration du 12 mars 1701, enſemble les Quatre ſols pour livre, impoſés par arrêt du Conſeil du 18 décembre 1747, au lieu de Deux ſols pour livre, dont la perception étoit ordonnée par celui du 22 décembre 1705.

SAVOIR:

OFFICIERS GÉNÉRAUX.

Les Lieutenans généraux des Armées du Roi....	450ˡ	} 540ˡ
Les Quatre ſols pour livre.........	90.	
Les Maréchaux-de-camp..............	300.	} 360.
Quatre ſols pour livre..........	60.	
Les Brigadiers des armées du Roi........	200.	} 240.
Quatre ſols pour livre..........	40.	
Les Maréchaux-des-logis des camps & armées ...	300.	} 360.
Quatre ſols pour livre..........	60.	
Les Aides-maréchaux-des-logis des camps & armées..	150.	} 180.
Quatre ſols pour livre..........	30.	
Les Maréchaux-généraux-des-logis de la Cavalerie...	200.	} 240.
Quatre ſols pour livre..........	40.	

OFFICIERS de l'État-major de la Cavalerie.

Le Colonel général de la Cavalerie.........	600.	} 720.
Quatre ſols pour livre...........	120.	

Suite des Officiers de l'État-major de la Cavalerie.

Le Meftre-de-camp général de la Cavalerie . . 450^l // } 540^l
   Quatre fols pour livre . . . . 90. //

Le Commiffaire général de la Cavalerie . . . 300. // } 360.
   Quatre fols pour livre . . . . 60. //

Le Cornette blanc de France . . . . 300. // } 360.
   Quatre fols pour livre . . . . 60. //

Le Maréchal - général - des - logis des camps &
armées, aux appointemens de huit mille quatre
cents livres . . . . 300. // } 360.
   Quatre fols pour livre . . . . 60. //

Les Maréchaux-généraux-des-logis des camps &
armées, aux appointemens de quatre mille
deux cents livres . . . . 150. // } 180.
   Quatre fols pour livre. . . . . 30. //

Le Maréchal-général-des-logis de la Cavalerie.. 200. // } 240.
   Quatre fols pour livre. . . . . 40. //

Le Maréchal-des-logis de la Cavalerie. . . , . 100. // } 120.
   Quatre fols pour livre. . . . . 20. //

Le Secrétaire général de la Cavalerie . . . . . 100. // } 120.
   Quatre fols pour livre . . . . 20. //

P R E V Ô T É.

Le Prevôt . . . . 20. // } 24.
   Quatre fols pour livre . . . . 4. //

Le Lieutenant de Prevôt . . . . 10. // } 12.
   Quatre fols pour livre . . . . 2. //

Les Fourriers. . . . . 6. // } 7. 4^f
   Quatre fols pour livre . . . . 1. 4^f

4

Le Greffier, l'Exempt, les Archers & l'Exé-
cuteur, chacun. . . . . 3^l $\|$ }
     Quatre fols pour livre. . . . . 12^f } 3^l 12^f

Le Médecin . . . . $10.$ $\|$ }
     Quatre fols pour livre. . . . . $2.$ $\|$ } $12.$

Les Chirurgiens . . . . $3.$ $\|$ }
     Quatre fols pour livre. . . . . $\|$ 12 } $3.$ $12.$

Les Trompettes. . . . . $2.$ $\|$ }
     Quatre fols pour livre . . . . $\|$ 8 } $2.$ $8.$

OFFICIERS de l'État-major des Dragons.

Le Colonel général des Dragons. . . . . . . $600.$ $\|$ }
     Quatre fols pour livre . . . . $120.$ $\|$ } $720.$

Le Meftre-de-camp général . . . . $450.$ $\|$ }
     Quatre fols pour livre . . . . $90.$ $\|$ } $540.$

Le Maréchal-des-logis . . . . $200.$ $\|$ }
     Quatre fols pour livre . . . . $40.$ $\|$ } $240.$

Le Secrétaire général . . . . $100.$ $\|$ }
     Quatre fols pour livre. . . . . $20.$ $\|$ } $120.$

PREVÔTÉ.

Le Prevôt. . . . . $20.$ $\|$ }
     Quatre fols pour livre. . . . . $4.$ $\|$ } $24.$

Le Lieutenant de Prevôt. . . . . $10.$ $\|$ }
     Quatre fols pour livre. . . . . $2.$ $\|$ } $12.$

Le Greffier, l'Exempt, les Archers & l'Exé-
cuteur, chacun . . . . $3.$ $\|$ }
     Quatre fols pour livre. . . . . $\|$ 12^f } $3.$ 12

5

Le Médecin. . . . . 10^l // }
    Quatre fols pour livre. . . . . 2. // } 12^l

Le Chirurgien . . . . 3. // }
    Quatre fols pour livre . . . . // 12 } 3. 12^f

L'Apothicaire . . . . 3. // }
    Quatre fols pour livre . . . . // 12 } 3. 12.

Le Trompette. . . . . 2. // }
    Quatre fols pour livre . . . . // 8 } 2. 8

OFFICIERS-MAJORS des Places frontières.

Les Gouverneurs . . . . 600. // }
    Quatre fols pour livre. . . . . 120. // } 720.

Les Lieutenans-de-Roi . . . . 180. // }
    Quatre fols pour livre. . . . . 36. // } 216.

Les Majors à mille livres d'appointemens & au deffus. . . . . 100. // }
    Quatre fols pour livre. . . . . 20. // } 120.

Les Majors, aux appointemens au deffous de mille livres . . . . 75. // }
    Quatre fols pour livre. . . . . 15. // } 90.

Les Aides-majors . . . . 50. // }
    Quatre fols pour livre . . . . 10. // } 60.

Les Capitaines des Portes. . . . . 30. // }
    Quatre fols pour livre . . . . 6. // } 36.

Les Gouverneurs ou Commandans des Places, aux appointemens de fix mille livres & au deffus . 500. // }
    Quatre fols pour livre . . . . 100. // } 600.

Suite des Officiers-majors des Places frontières.

Les Gouverneurs ou Commandans, aux appointe-
mens de trois mille jusqu'à six mille livres . . . . 400ˡ   } 480ˡ
  Quatre fols pour livre . . . . 80. }

Les Gouverneurs ou Commandans, aux appointe-
mens au deffous de trois mille livres . . . . 300. } 360.
  Quatre fols pour livre . . . . 60. }

Les Gouverneurs ou Commandans des Citadelles, aux
appointemens de cinq mille livres & au deffus . . . 500. } 600.
  Quatre fols pour livre . . . . 100. }

Les Gouverneurs ou Commandans des Citadelles, aux
appointemens de trois mille jusqu'à cinq mille livres. 400. } 480.
  Quatre fols pour livre . . . . 80. }

Les Gouverneurs ou Commandans des Citadelles, aux
appointemens de deux mille jusqu'à trois mille livres. 300. } 360.
  Quatre fols pour livre . . . . 60. }

Les Gouverneurs ou Commandans, aux appointe-
mens de mille jusqu'à deux mille livres . . . . . . 200. } 240.
  Quatre fols pour livre . . . . 40. }

Les Gouverneurs ou Commandans, aux appointe-
mens de neuf cents jusqu'à mille livres . . . . . . 80. } 96.
  Quatre fols pour livre . . . . 16. }

Les Gouverneurs ou Commandans, aux appointe-
mens de fix cents jusqu'à neuf cents livres . . . . 50. } 60.
  Quatre fols pour livre . . . . 10. }

Les Gouverneurs ou Commandans, aux appointe-
mens au deffous de fix cents livres . . . . 40. } 48.
  Quatre fols pour livre . . . . 8. }

Les Lieutenans-de-Roi des Citadelles . . . . 180. } 216.
  Quatre fols pour livre . . . . 36. }

7

Suite des Officiers-majors des Places frontières.

Les Majors des Citadelles . . . . 70ˡ }
  Quatre sols pour livre . . . . 14. }   84ˡ

Les Aides-majors des Citadelles . . . . 30. }
  Quatre sols pour livre . . . . 6. }   36.

Les Commandans des Forts & Châteaux . . . . . . 90. }
  Quatre sols pour livre . . . . 18. }   108.

Les Lieutenans-de-Roi des Forts & Châteaux . . . . 80. }
  Quatre sols pour livre . . . . 16. }   96.

Les Majors des Forts & Châteaux . . . . 45. }
  Quatre sols pour livre . . . . 9. }   54.

Les Aides-majors des Forts & Châteaux . . . . . . 20. }
  Quatre sols pour livre . . . . 4. }   24.

Les Capitaines des Portes . . . . 20. }
  Quatre sols pour livre . . . . 4. }   24.

OFFICIERS-MAJORS *des Places évacuées.*

Les Officiers-majors des Places évacuées, payeront
moitié de l'impofition des Officiers-majors des
Places frontières.

OFFICIERS-MAJORS *des Garnisons ordinaires.*

Les Gouverneurs, aux appointemens de deux mille
livres & au deffus . . . . 300. }
  Quatre sols pour livre . . . . 60. }   360.

Les Gouverneurs, aux appointemens de quinze cents
jufqu'à deux mille livres . . . . 200. }
  Quatre sols pour livre . . . . 40. }   240.

Les Gouverneurs, aux appointemens de douze cents

A iiij

Suite des Officiers-majors des Garnisons ordinaires.

jusqu'à quinze cents livres . . . . 150^l } 180^l
    Quatre sols pour livre . . . . 30. }

Les Gouverneurs, aux appointemens de mille jusqu'à douze cents livres . . . . 100. } 120.
    Quatre sols pour livre . . . . 20. }

Les Gouverneurs, aux appointemens de neuf cents jusqu'à mille livres . . . . 90. } 108.
    Quatre sols pour livre . . . . 18. }

Les Gouverneurs, aux appointemens de six cents jusqu'à neuf cents livres . . . . 60. } 72.
    Quatre sols pour livre . . . . 12. }

Les Gouverneurs, aux appointemens de cinq cents jusqu'à six cents livres . . . . 45. } 54.
    Quatre sols pour livre . . . . 9. }

Les Gouverneurs, aux appointemens au dessous de cinq cents livres . . . . 40. } 48.
    Quatre sols pour livre . . . . 8. }

Les Commandans, aux appointemens au dessus de neuf cents livres . . . . 90. } 108.
    Quatre sols pour livre . . . . 18. }

Les Commandans, aux appointemens de neuf cents livres . . . . 75. } 90.
    Quatre sols pour livre . . . . 15. }

Les Commandans, aux appointemens de six cents jusqu'à neuf cents livres . . . . 50. } 60.
    Quatre sols pour livre . . . . 10. }

Les Commandans, aux appointemens de quatre cents livres & au dessous . . . . 35. } 42.
    Quatre sols pour livre . . . . 7. }

Suite des Officiers-majors des Garnisons ordinaires.

Les Lieutenans de Roi, aux appointemens au deſſus de neuf cents livres . . . . 90^l // } 108^l
   Quatre ſols pour livre . . . . 18. //

Les Lieutenans de Roi, aux appointemens de neuf cents livres. . . . . 75. // } 90.
   Quatre ſols pour livre . . . . 15. · //

Les Lieutenans de Roi, aux appointemens de huit cents juſqu'à neuf cents livres . . . . 70. // } 84.
   Quatre ſols pour livre . . . . 14. //

Les Lieutenans de Roi, aux appointemens de ſix cents juſqu'à huit cents livres . . . . 50. // } 60.
   Quatre ſols pour livre . . . . 10. //

Les Lieutenans de Roi, aux appointemens de cinq cents juſqu'à ſix cents livres . . . . 45. // } 54.
   Quatre ſols pour livre . . . . 9. //

Les Lieutenans de Roi, aux appointemens de quatre cents juſqu'à cinq cents livres . . . . . 35. // } 42.
   Quatre ſols pour livre . . . . 7. //

Les Lieutenans de Roi, aux appointemens au deſſous de quatre cents livres . . . . 30. // } 36.
   Quatre ſols pour livre . . . . 6. //

Les Majors, aux appointemens au deſſus de neuf cents livres . . . . 70. // } 84.
   Quatre ſols pour livre . . . . 14. //

Les Majors, aux appointemens de neuf cents livres. 67. 10^f } 81.
   Quatre ſols pour livre 13. 10

Les Majors, aux appointemens de huit cents juſqu'à neuf cents livres . . . . 60. // } 72.
   Quatre ſols pour livre . . . . 12. //

Suite des Officiers-majors des Garnisons ordinaires.

Les Majors, aux appointemens de six cents jusqu'à huit cents livres . . . . 45^l } 54^l
    Quatre sols pour livre. . . . . 9.

Les Majors, aux appointemens de cinq cents jusqu'à six cents livres. . . . . 40. } 48.
    Quatre sols pour livre. . . . . 8.

Les Majors, aux appointemens de quatre cents livres. 30. } 36.
    Quatre sols pour livre. . . . . 6.

Les Majors, aux appointemens au dessous de quatre cents livres . . . . 20. } 24.
    Quatre sols pour livre. . . . . 4.

Les Aide-majors.. . . . . 20. } 24.
    Quatre sols pour livre. . . . . 4.

Les Capitaines des Portes. . . . . 20. } 24.
    Quatre sols pour livre . . . . 4.

Les Capitaines des villes & châteaux, aux appointe-mens au dessus de neuf cents livres . . . . 90. } 108.
    Quatre sols pour livre . . . . 18.

Les Capitaines des villes & châteaux, aux appointe-mens de neuf cents livres. . . . . 75. } 90.
    Quatre sols pour livre. . . . . 15.

Les Capitaines des villes & châteaux, aux appointe-mens de trois cents livres & au dessous. . . . . . . 20. } 24.
    Quatre sols pour livre. . . . . 4.

Les Enseignes des villes & châteaux. . . . . 45. } 54.
    Quatre sols pour livre . . . . 9.

Les Sergens de bataille. . . . . 20. } 24.
    Quatre sols pour livre . . . . 4.

Suite des Officiers-majors des Garnisons ordinaires.

Les Auditeurs des bandes. . . . . 10^l // } 12^l
    Quatre fols pour livre. . . . . 2. //

Les Prevôts des bandes. . . . . 3. // } 3. 12^l
    Quatre fols pour livre. . . . . // 12^l

Les Exempts, Greffiers, Archers & Exécuteurs,
  chacun. . . . . 3. // } 3. 12.
    Quatre fols pour livre . . . . // 12

Les Auditeurs de camp. . . . . 10. // } 12.
    Quatre fols pour livre. . . . . 2. //

Les Secrétaires des Provinces . . . . 30. // } 36.
    Quatre fols pour livre . . . . 6. //

Les Colonels ou Meftres-de-camp entretenus à la
  fuite des garnifons, aux appointemens de huit
  cents livres & au deffus. . . . . 90. // } 108.
    Quatre fols pour livre . . . . 18. //

Les Colonels ou Meftres-de-camp entretenus à la
  fuite des garnifons, aux appointemens de fix
  cents jufqu'à huit cents livres. . . . . 45. // } 54.
    Quatre fols pour livre. . . . . 9. //

Les Maréchaux-des-logis. . . . . 10. // } 12.
    Quatre fols pour livre . . . . 2. //

Les Médecins. . . . . 20. // } 24. //
    Quatre fols pour livre. . . . . 4. //

Les Chirurgiens. . . . . 3. // } 3. 12
    Quatre fols pour livre . . . . // 12

Les Interprètes . . . . 3. // } 3. 12.
    Quatre fols pour livre. . . . . // 12

Suite des Officiers-majors des Garnisons ordinaires.

Les Portiers	3^l	$\prime\prime$	3^l	12^f
Quatre sols pour livre	$\prime\prime$	12^f		
Les Visiteurs de Navire	6.	$\prime\prime$	7.	4.
Quatre sols pour livre	1.	4		
Les Patrons de Barque	3.	$\prime\prime$	3.	12.
Quatre sols pour livre	$\prime\prime$	12		
Les Pilotes	2.	$\prime\prime$	2.	8.
Quatre sols pour livre	$\prime\prime$	8		
Les Mariniers	2.	$\prime\prime$	2.	8.
Quatre sols pour livre	$\prime\prime$	8		
Les Matelots	1.	$\prime\prime$	1.	4.
Quatre sols pour livre	$\prime\prime$	4		
Les Sentinelles	2.	$\prime\prime$	2.	8.
Quatre sols pour livre	$\prime\prime$	8		
Les Horlogers	2.	$\prime\prime$	2.	8.
Quatre sols pour livre	$\prime\prime$	8		
Les Porte-clefs	2.	$\prime\prime$	2.	8.
Quatre sols pour livre	$\prime\prime$	8		
Les Gardes des écluses	2.	$\prime\prime$	2.	8.
Quatre sols pour livre	$\prime\prime$	8		
Les Concierges des prisons	2.	$\prime\prime$	2.	8.
Quatre sols pour livre	$\prime\prime$	8		
Les Armuriers	6.	$\prime\prime$	7.	4.
Quatre sols pour livre	1.	4		
Les Fontainiers	3.	$\prime\prime$	3.	12.
Quatre sols pour livre	$\prime\prime$	12		

Suite des Officiers-majors des Garnifons ordinaires.

Les Maçons. . . . . 1^l // } 1^l 4^f
 Quatre fols pour livre . . . . // 4 }

INFANTERIE FRANÇOISE.

Les Colonels. . . . . 150. // } 180.
 Quatre fols pour livre. . . . . 30. // }

Les Lieutenans-colonels. . . . . 30. // } 36.
 Quatre fols pour livre. . . . . 6. // }

Les Majors. 9. // } 10. 16.
 Quatre fols pour livre. . . . . 1. 16^f }

Les Aide-majors. . . . . 9. // } 10. 16.
 Quatre fols pour livre. . . . . 1. 16 }

Les Capitaines. . . . . 9. // } 10. 16.
 Quatre fols pour livre. . . . . 1. 16 }

Les Capitaines en fecond. . . . . 6. // } 7. 4.
 Quatre fols pour livre. . . . . 1. 4 }

Les Lieutenans. . . . . 4. // } 4. 16.
 Quatre fols pour livre. . . . . // 16 }

Les Lieutenans en fecond. . . . . 3. // } 3. 12.
 Quatre fols pour livre. . . . . // 12 }

Les Sous-lieutenans. . . . . 2. // } 2. 8.
 Quatre fols pour livre. . . . . // 8 }

Les Enfeignes . . . . 4. // } 4. 16.
 Quatre fols pour livre. . . . . // 16 }

Les Commandans de bataillon . . . . 9. // } 10. 16.
 Quatre fols pour livre . . . . 1. 16 }

Suite de l'Infanterie Françoise.

Les Colonels servant au corps des Grenadiers de
France . . . . 75^l // }
  Quatre sols pour livre . . . . 15. // } 90^l

Les Lieutenans-colonels servant, *idem.* . . . . . . 30. // }
  Quatre sols pour livre . . . . 6. // } 36.

Les Commandans de bataillons de Milice. . . 9. // }
  Quatre sols pour livre . . . . 1. 16^l } 10. 16

Les Capitaines de Milice. . . . . 9. // }
  Quatre sols pour livre . . . . 1. 16 } 10. 16

ÉTAT-MAJOR des Régimens d'Infanterie.

Les Maréchaux-des-logis . . . . 3. // }
  Quatre sols pour livre. . . . . // 12 } 3. 12.

Les Chirurgiens . . . . 3. // }
  Quatre sols pour livre . . . . // 12 } 3. 12.

Les Prevôts & Lieutenans de Prevôts, chacun. . 3. // }
  Quatre sols pour livre . . . . // 12 } 3. 12.

Les Greffiers, Archers & Exécuteurs, chacun. . 3. // }
  Quatre sols pour livre . . . . // 12 } 3. 12.

Les Officiers réformés à la suite des régimens &
des Places, payeront moitié des Officiers en
pied.

TROUPES LÉGÈRES.

Les Colonels ou Commandans en chef un corps
de Volontaires. . . . . 150. // }
  Quatre sols pour livre. . . . . 30. // } 180.

Les Lieutenans-colonels ou Commandans parti-
culiers. . . . . 30. // }
  Quatre sols pour livre . . . . 6. // } 36.

Suite des Troupes légères.

Les Officiers d'Infanterie desdits corps, sur le pied
  des Officiers d'Infanterie.

Les Officiers à cheval, sur le pied des Officiers
  de Cavalerie.

INFANTERIE ALLEMANDE.

Les Colonels . . . . 150^l //   }
    Quatre sols pour livre . . . . 30. //   } 180^l

Les Colonels-commandans. . . . . 150. //   }
    Quatre sols pour livre . . . . 30. //   } 180.

Les Lieutenans-colonels. . . . . 30. //   }
    Quatre sols pour livre. . . . . 6. //   } 36.

Les Majors. . . . . 15. //   }
    Quatre sols pour livre. . . . . 3. //   } 18.

Les Aide-majors. . . . . 9. //   }
    Quatre sols pour livre . . . . 1. 16^f } 10. 16^f

Les Sous-aide-majors. . . . . 9. //   }
    Quatre sols pour livre . . . . 1. 16 } 10. 16.

Les Capitaines. . . . . 9. //   }
    Quatre sols pour livre . . . . 1. 16 } 10. 16.

Les Lieutenans . . . . 4. //   }
    Quatre sols pour livre . . . . // 16 } 4. 16.

Les Sous-lieutenans. . . . . 2. //   }
    Quatre sols pour livre . . . . // 8 } 2. 8.

Les Capitaines, Lieutenans & Sous-lieutenans
recruteurs, comme les Officiers en pied.

Suite de l'Infanterie Allemande.

Les Capitaines en fecond.	6^l	//	} 7^l 4^c
Quatre fols pour livre	1.	4^c	
Les Lieutenans en fecond.	3.	//	} 3. 12.
Quatre fols pour livre.	//	12	
Les Fourriers, Chirurgiens, Auditeurs, Prevôts, Greffiers, Archers & Exécuteurs, chacun. . .	3.	//	} 3. 12.
Quatre fols pour livre	//	12	

CAVALERIE & DRAGONS.

Les Colonels de Cavalerie & de Dragons, & autres Officiers ayant rang de Colonels . . .	150.	//	} 180.
Quatre fols pour livre.	30.	//	
Les Lieutenans-colonels	30.	//	} 36.
Quatre fols pour livre.	6.	//	
Les Majors	15.	//	} 18.
Quatre fols pour livre.	3.	//	
Les Capitaines.	15.	//	} 18.
Quatre fols pour livre.	3.	//	
Les Lieutenans.	9.	//	} 10. 16.
Quatre fols pour livre.	1.	16	
Les Aides-majors.	9.	//	} 10. 16.
Quatre fols pour livre.	1.	16	
Les Cornettes.	4.	10	} 5. 8.
Quatre fols pour livre.	//	18	
Les Maréchaux-des-logis.	4.	//	} 4. 16.
Quatre fols pour livre.	//	16	

Suite de la Cavalerie & Dragons.

Les Cornettes des compagnies Colonelle & Meſtre-
de-camp des cinq régimens de l'État-major
de la Cavalerie & des Dragons. . . . . 9ˡ // } 10ˡ 16ſ
  Quatre ſols pour livre. . . . . 1. 16 }

Les Sous-lieutenans . . . . 9. // } 10. 16.
  Quatre ſols pour livre. . . . . 1. 16 }

Les Capitaines en ſecond. . . . . 10. // } 12.
  Quatre ſols pour livre. . . . . 2. // }

Les Lieutenans en ſecond. . . . . 6. // } 7. 4.
  Quatre ſols pour livre. . . . . 1. 4 }

Les Officiers réformés à la ſuite des régimens
de Cavalerie & de Dragons, & ceux à la ſuite
des Places, & ſujets aux revûes, payeront moitié
des Officiers en pied.

OFFICIERS RÉFORMÉS retirés.

INFANTERIE.

Les Colonels, aux appointemens de neuf cents
livres. . . . . 75. // } 90.
  Quatre ſols pour livre . . . . 15. // }

Les Colonels, aux appointemens au deſſous de
neuf cents livres . . . . 37. 10 } 45.
  Quatre ſols pour livre . . . . 7. 10 }

Les Lieutenans-colonels, aux appointemens de
neuf cents livres . . . . 15. // } 18.
  Quatre ſols pour livre . . . . 3. // }

Les Lieutenans-colonels, aux appointemens au
deſſous de neuf cents livres . . . . 7. 10 } 9.
  Quatre ſols pour livre . . . . 1. 10 }

Suite des Officiers réformés retirés.

Les Capitaines, aux appointemens de quatre cents cinquante livres . . . . 4ˡ 10ˢ } 5ˡ 8ˢ
    Quatre fols pour livre . . . . // 18

Les Capitaines, aux appointemens au deſſous de quatre cents cinquante livres . . . . 2. 5 } 2. 14.
    Quatre fols pour livre . . . . // 9

Les Lieutenans, aux appointemens de deux cents quarante livres . . . . 2. // } 2. 8.
    Quatre fols pour livre . . . . // 8

Les Lieutenans, aux appointemens au deſſous de deux cents quarante livres . . . . 1. // } 1. 4.
    Quatre fols pour livre . . . . // 4

CAVALERIE.

Les Meſtres-de-camp, aux appointemens de dix-huit cents livres . . . . 75. // } 90.
    Quatre fols pour livre. . . . . 15. //

Les Meſtres-de-camp, aux appointemens au deſſous de dix-huit cents livres . . . . 37. 10 } 45.
    Quatre fols pour livre 7. 10

Les Lieutenans-colonels, aux appointemens de dix-huit cents livres . . . . 15. // } 18.
    Quatre fols pour livre. . . . . 3. //

Les Lieutenans-colonels, aux appointemens au deſſous de dix-huit cents livres . . . . 7. 10 } 9.
    Quatre fols pour livre. 1. 10

Les Capitaines, aux appointemens de mille quatre-vingts livres . . . . 7. 10 } 9.
    Quatre fols pour livre 1. 10

Suite des Officiers réformés retirés.

Les Capitaines, aux appointemens au deſſous de
mille quatre-vingts livres . . . . 3ˡ 15ſ } 4ˡ 10ſ
    Quatre ſols pour livre . . . . ‖ 15 }

Les Lieutenans . . . . 2. 5 } 2. 14.
    Quatre ſols pour livre. . . . . ‖ 9. }

D R A G O N S.

Les Meſtres-de-camp, aux appointemens de mille
quatre-vingts livres . . . . 75. ‖ } 90.
    Quatre ſols pour livre . . . . 15. ‖ }

Ceux aux appointemens au deſſous de mille quatre-
vingts livres . . . . 37. 10 } 45.
    Quatre ſols pour livre . . . . 7. 10 }

Les Lieutenans - colonels, aux appointemens de
mille quatre-vingts livres . . . . 15. ‖ } 18.
    Quatre ſols pour livre . . . . 3. ‖ }

Ceux aux appointemens au deſſous de mille quatre-
vingts livres . . . . 7. 10 } 9.
    Quatre ſols pour livre . . . . 1. 10 }

Les Capitaines, aux appointemens de cinq cents
quarante livres . . . . 7. 10 } 9.
    Quatre ſols pour livre . . . . 1. 10 }

Ceux aux appointemens au deſſous de cinq cents
quarante livres . . . . 3. 15 } 4. 10.
    Quatre ſols pour livre. . . . . ‖ 15 }

Les Lieutenans, aux appointemens de trois cents
ſoixante livres . . . . 4. 10 } 5. 8.
    Quatre ſols pour livre . . . . , ‖ 18 }

Suite des Officiers réformés retirés.

Ceux aux appointemens au deſſous de trois cents
foixante livres . . . . 2^l 5^f } 2^l 14^f
    Quatre ſols pour livre . . . . // 9 }

COMMISSAIRES des guerres.

Les Commiſſaires des guerres en charge . . . . 150. // } 180.
    Quatre ſols pour livre . . . . 30. // }

Les Commiſſaires des guerres, par commiſſion,
& ceux exerçans pour les titulaires . . . . 30. // } 36.
    Quatre ſols pour livre . . . . 6. // }

EMPLOYÉS aux Hôpitaux, & autres.

Les Médecins . . . . 10. // } 12.
    Quatre ſols pour livre . . . . 2. // }

Les Chirurgiens . . . . 3. // } 3. 12.
    Quatre ſols pour livre . . . . // 12 }

Les Apothicaires . . . . 3. // } 3. 12.
    Quatre ſols pour livre . . . . , // 12 }

Les Contrôleurs . . . . 3. // } 3. 12.
    Quatre ſols pour livre . . . . // 12 }

Les Gardes-magaſins . . . . 3. // } 3. 12.
    Quatre ſols pour livre . . . . // 12 }

Les Fourriers . . . . 3. // } 3. 12.
    Quatre ſols pour livre . . . . // 12 }

Les Conſignes . . . . 2. // } 2. 8.
    Quatre ſols pour livre . . . . // 8 }

Les Portiers . . . . 3. // } 3. 12.
    Quatre ſols pour livre . . . . // 12 }

Suite des Employés aux Hôpitaux, & autres.

Les Mariniers	3^l	//	
Quatre fols pour livre.	//	$1\,2^f$	$3^l\ 1\,2^f$
Les Concierges des prifons	3.	//	
Quatre fols pour livre.	//	$1\,2$	$3.\ 1\,2.$

LES Tréforiers généraux de l'Extraordinaire des guerres, & leurs Commis dans les provinces & armées, feront la retenue de la Capitation, conformément au préfent règlement, fur les appointemens qu'ils payent aux Officiers des troupes de Sa Majefté, & autres qui rempliffent les places y défignées.

Cette retenue fe fera en deux parties égales, dont la première moitié en Mars, & la feconde en Septembre, conormément à l'article V de la déclaration de 1701.

Ladite retenue aura lieu fur les régimens, bataillons & compagnies, tant d'Infanterie que de Cavalerie & Dragons, fur le pied complet, fans avoir égard aux emplois vacans; fauf au Major & Officier chargé du détail, de la faire fupporter par ceux qui rempliront lefdits emplois vacans.

La Capitation des Officiers-majors & autres, qui fe trouveroient revêtus de différens emplois, leur fera retenue fur le pied du grade fupérieur.

Les Officiers-majors de quelques Places, à qui il a été accordé des modérations par des raifons particulières, continueront à jouir defdites modérations ; mais leurs succesſeurs feront aſſujétis à la retenue de la Capitation, conformément au préſent règlement.

Il ſera payé par chacun deſdits Officiers & autres dénommés au préſent, pendant les années 1760 & 1761 ; le doublement de la quote de leur Capitation, avec les Quatre ſols pour livre d'icelle, conformément à l'édit du mois de février 1760.

FAIT à Marly le vingt juin mil ſept cent ſoixante-un. *Signé* LOUIS. *Et plus bas,* LE DUC DE CHOISEUL.

A PARIS,

DE L'IMPRIMERIE ROYALE.

M. D C C L X I.